AF275809

Juan Pablo Zapater

Yodo en los labios

Prólogo
Susana Benet

LA GARÚA
POESÍA · *Haiku, 14*

Primera edición: enero de 2026

Dirección: Jesús Aguado y Joan de la Vega

© texto, Juan Pablo Zapater
© ilustración de cubierta, Manuel Zapater Usero
© prólogo, Susana Benet
© La Garúa Libros
Barcelona (España)
www.lagaruapoesia.com

ISBN: 979-13-990034-9-9
Depósito Legal: B 1426-2026

En palabras del profesor Rodríguez-Izquierdo, autoridad indiscutible en el ámbito del haiku: «El poeta es el hombre que sabe ver, y tiene como misión transmitir ese poder de ver». Y en otro momento afirma: «El haiku se ocupa solo de la vida».

En el caso de este libro de Juan Pablo Zapater, percibimos que sus versos están vivos, aunque algunos de ellos jueguen con el tiempo y nos hablen de sensaciones, imágenes y emociones de momentos ya pasados. Pero también lo hacen de su presente, logrando que todo se interconecte en un atractivo fresco. Casi podríamos decir que lo que ha compuesto el poeta, con su profunda sensibilidad, es una especie de diario que recoge vivencias, aparentemente dispersas, que describen su universo particular.

El libro se divide en dos partes bien diferenciadas: *Yodo en los labios*, en torno a recuerdos y experiencias relacionados con el mar. La segunda, titulada *Los tallos ciegos*, evoca el recogimiento y la delicada atmósfera de los jardines.

Aunque sus haikus no se atienen a principios ni reglas estrictas que no resultan indispensables hoy en día, y que tuvieron sentido en la época clásica, el hecho de que Zapater sea un consumado poeta, dota a sus breves composiciones de un ritmo y una armonía que facilitan su lectura, respetando las diecisiete sílabas en estrofas de 5/7/5.

Las imágenes que nos propone poseen un fino realismo, una gran inmediatez, algo que enriquece el haiku y lo aleja de lo puramente convencional. Se trata más bien de dar testimonio de lo vivido, y él lo hace con naturalidad y un lenguaje sencillo y cercano, sin caer en lo banal.

> *La luz primera,*
> *llave de la mañana,*
> *umbral del mundo.*

Amanece y lentamente se abre la puerta de un nuevo día, mediante una luz que destierra la oscuridad.

Desde el agua afloran íntimos recuerdos, regresan los rostros de los ausentes, como si emergieran de un fondo inagotable.

> *Buceo y busco*
> *los ojos de mi hermana*
> *bajo del agua.*

Tampoco faltan en este paisaje estampas y sonidos cotidianos, presencias anónimas que, de pronto, cobran protagonismo.

> *Subasta en marcha:*
> *la voz del pregonero*
> *entona el canto.*

Rodríguez-Izquierdo, en su obra *El jaiku japonés*, cita lo siguiente: «la frescura es la flor del arte del haiku. Lo que está viejo, sin flor, parece como el aire en una vieja arboleda. Lo que el desaparecido maestro (Basho) anhelaba sinceramente es este sentido de frescura. Él se deleitaba con todo aquel que pudiera aun atisbar esta frescura... Siempre estamos buscando frescura manante de la misma tierra con cada paso que nos adentra en la naturaleza».

Ser un jardín:
recogerse de noche,
vibrar de día.

En esta segunda parte, *Los tallos ciegos*, el autor nos invita a recorrer las sendas de un jardín, deteniendo la mirada en rincones donde la vida se presenta de mil maneras, desde las hojas que crujen a nuestro paso, hasta las altas frondas de las palmeras. Desde la anciana que vende sus flores artificiales, hasta los ojos húmedos de las estatuas. Sin olvidar a los pequeños seres que animan el paisaje.

Con parsimonia
sacan brillo a la hierba
los caracoles.

O el llanto del niño que evoca nuestros propios temores infantiles, e incluso simboliza la fugacidad de la existencia, la inevitable pérdida.

> *Rompe a llorar,*
> *se le ha escapado un globo.*
> *La vida es eso.*

No es precisa ninguna formación previa sobre el haiku, ni un exhaustivo conocimiento de este, para saber apreciar lo que ofrecen estas páginas. No hay artificiosidad en ellas, no hay pedantería. Zapater nos regala instantes vividos y vivientes que conservan y evidencian el poder del asombro. Sencillamente, dejémonos llevar por el vuelo luminoso de sus palabras.

SUSANA BENET - 2025

Desde lo oscuro
acometen las olas
la fresca playa.

USUDA ARŌ

Si miro atrás,
ni cuatro gotas quedan
de aquellos mares.

VICENTE GALLEGO

Yodo en los labios

El mar no cabe
en diecisiete sílabas.
Cabe su instante.

Noche de insomnio,
las olas infinitas
tampoco duermen.

El mar escucha
historias que le cuentan
los desvelados.

La luz primera,
llave de la mañana,
umbral del mundo.

Dejo la cama
y en las sábanas queda
mi olor tendido.

En la terraza
me bebo un café solo
y el horizonte.

Encandilado,
mientras se eleva el sol
cuento las olas.

Con sus vaivenes
las gaviotas tempranas
rasgan el cielo.

Dibuja el viento
el perfil de las dunas
a su capricho.

Hay una barca
suspendida en la línea
del horizonte.

Junto a la orilla
un castillo de arena
sin su princesa.

Muerden las olas
con sus dientes de espuma
mis pies descalzos.

Entras al mar
y vuelves a sentirte
pez en el agua.

Yodo en los labios,
el sabor de las algas
dulce y salado.

Manchas de brea
sobre la piel mojada.
Marea negra.

¡Olas que vienen!
El mar nunca descansa.
¡Olas que van!

Es mediodía,
he extraviado mi sombra
y no la encuentro.

Arde la arena
y a mis pies abrasados
les nacen alas.

Brillan las olas,
como escamas de un pez
flotando al sol.

Alza el velero
sobre el azul intenso
su llama blanca.

Finge la brisa
marina ser la hermana
menor del viento.

Sopla levante
con los labios azules
de nuestra infancia.

Pala y rastrillo
tirados en la arena.
¿Serán los míos?

Vuelvo a ser niño,
floto en mitad de un sueño
sin hacer pie.

No temo hundirme,
mi padre me sostiene
con sus dos manos.

Mi madre guarda
en sus ojos azules
agua del mar.

Buceo y busco
los ojos de mi hermana
bajo del agua.

Al despertarme
vuelvo solo a las playas
de la memoria.

Cala perdida,
mis pasos saben siempre
cómo encontrarte.

El musgo crece
sobre la roca estéril
intenso y verde.

Entre la grava
un guijarro con forma
de corazón.

Mientras te beso
se nos enreda el agua
por los tobillos.

Pasar la lengua.
¡Qué sabrosa la sal
en otros labios!

La vida a veces:
aguantar bajo el agua
sin respirar.

En su submundo
con los ojos abiertos
duermen los peces.

Hacia la costa
la danza transparente
de las medusas.

Ser pez de fondo
por las verdes praderas
de posidonia.

Desde la arena
ladra el perro a la nube
que se le escapa.

Un avión borda
la tela azul del cielo
con hilo blanco.

Las roza el viento
y unas nubes raídas
se deshilachan.

Tan pronto suben,
el alma y la cometa,
tan pronto bajan.

Trae el verano
oculta entre sus cielos
una tormenta.

Lluvia en el mar,
mi lengua se relame
entre dos aguas.

Todas las playas
guardan en sus arenas
huellas perdidas.

Hay quien conoce
el nombre y la familia
de cada viento.

La tramontana
sopla y recogen velas
los marineros.

La marejada
ha traído a la orilla
un remo roto.

Sin rumbo cierto
una luz fugitiva
deja la playa.

Unos zapatos
en mitad de la arena,
barcas vacías.

Playa nocturna,
el amor se atrinchera
tras las hamacas.

Nadar desnudos,
como nadan los peces
bajo la luna.

Mar rutilante,
espejo de mis días
y de mis noches.

Aires de otoño:
las playas se desnudan
de sus sombrillas.

A veces pienso
que en un solo verano
cabe mi infancia.

Barcos pesqueros.
Oigo cerca el saludo
de sus sirenas.

Sobre el pescado
al llegar a la lonja
hielo en escamas.

Subasta en marcha:
la voz del pregonero
entona el canto.

En el mercado
tres cajas de sardinas.
Botín de plata.

La vasta noche
no es ahora otra cosa
que una fragancia.

JORGE LUIS BORGES

El viento agita
el reflejo de un árbol
dentro del agua.

SUSANA BENET

Los tallos ciegos

Ser un jardín:
recogerse de noche,
vibrar de día.

A cualquier parque
le saca los colores
la primavera.

Aunque invisibles,
hasta en los tallos ciegos
crecen las rosas.

Siempre hay un árbol
que nos teje su sombra
a la medida.

De pronto llueve.
Se avivan los olores
en los jardines.

Gotas de lluvia
humedecen los ojos
de las estatuas.

Canta la fuente
bajo la lluvia y tiene
su voz tomada.

En el estanque
siempre ocurre que llueve
sobre mojado.

El cielo vierte
en la hondura de un charco
su inmenso azul.

Con parsimonia
sacan brillo a la hierba
los caracoles.

El mensajero
con un ramo de flores
en bicicleta.

Las estudiantes
conversan abrazadas
a sus carpetas.

El jardinero
echa pronto de menos
la flor robada.

Abanicado
por una doble fila
de washingtonias.

El ficus saca
a relucir la historia
de sus raíces.

La anciana vende
a la puerta del parque
flores de tela.

Beso furtivo
y en el invernadero
la humedad crece.

A mediodía
tus pies en el estanque:
flores de loto.

Cuarenta grados,
los niños en la fuente
bailando el agua.

Por la escalera
olvidada en el muro
trepan las rosas.

Golpe de viento:
se despeinan los árboles,
las flores tiemblan.

En el estanque
la sombra de mi mano
roza los peces.

Delata el perro
a ese niño que juega
al escondite.

Rompe a llorar,
se le ha escapado un globo.
La vida es eso.

Bajo el columpio
crece siempre la sombra,
la hierba nunca.

Reman al viento
sin descanso las frondas
de las palmeras.

Los altos pinos
conversan por lo bajo
con los chaparros.

¿Qué simboliza
la resina de un árbol?
¿Sudor o lágrima?

Comparten mata
una rosa marchita
y otra lozana.

Menta y espliego,
cada cual por un lado.
Nube de aromas.

Como soldados
formando largas filas
los tulipanes.

En primavera
los jacintos parecen
recién pintados.

La mano tierna
de un niño arranca un lirio.
Delito impune.

Busca el anciano
en el tronco del árbol
sus iniciales.

Los niños juegan
a balompié en el parque
con piñas secas.

Alzas la vista
y abandonas el libro
por una rosa.

Haciendo guardia
sin relevo posible
los dos cipreses.

Rozo sus hojas
y me llevo el perfume
del limonero.

Arde el naranjo
en el pequeño huerto.
Frutal en llamas.

Hablan al aire
loros y periquitos,
sin entenderse.

Fatal descuido.
Amanece vacía
la pajarera.

Tejen sus nidos
sobre las ramas muertas
pájaros vivos.

Escala el muro
huyendo de los críos
la lagartija.

Lleva la hormiga
una carga de sol
sobre su espalda.

De azul brillante
he visto a la libélula
teñir el aire.

Del quinto pino
descienden las orugas
en procesión.

La abeja adentra
su zumbido hasta el fondo
de las orquídeas.

Simulan flores
llevadas por el aire
las mariposas.

Tercas polillas,
en todas las farolas
buscan la luna.

Desde su rama
perforando la noche
ulula el búho.

En aquel banco
se recuesta la luna
cuando anochece.

Por las mañanas
hacen cola en la fuente
los vagabundos.

Los barrenderos
maldicen las cambiantes
rachas de viento.

Para ese anciano
tiene el sol recogida
su luz de invierno.

Regreso al parque
y me asalta un aroma
de flor antigua.

Las hojas secas
crujen a nuestro paso
con tonos tristes.

Los abedules
dan asilo en invierno
a los gorriones.

Plantar un árbol
que no verás crecer.
Eso es el tiempo.

Índice

Yodo en los labios